AF498314

CATALOGUE,

PAR ORDRE ALPHABÉTIQUE;

DES LIVRES

DE FONDS ET D'ASSORTIMENS

QUI SE TROUVENT

Chez Le Jay, Libraire, rue Saint-Jacques,
au dessus de celle des Mathurins,
au Grand Corneille,

A PARIS.

1773.

CATALOGUE,

PAR ORDRE ALPHABÉTIQUE,

DES LIVRES

DE FONDS ET D'ASSORTIMENS

QUI SE TROUVENT

Chez LE JAY, Libraire.

A.

ABRÉGÉ Chronologique de l'Histoire de France, par M. le Président Henault, 2 *vol. in-*4. 42 .
— Le même, 3 *vol. in-*8. 15 l.
Américaines, (les) ou la preuve de la Religion Chrétienne par les lumières naturelles , par Madame le Prince de Beaumont, 6 *vol in-*12. *rel.* 12 l.
Amours de Cherale & d'Ismene , (les) suivies du Bon Génie , brochure *in-*12. 1 l.
Amours de Lucile & de Doligny, (les) 2 *part. in-*12. *broché.* 2 l. 8 f.
Amours d'Ovide, (les) en vers François, 1 *vol. in-*12. 2 l.
Amusemens de la Campagne, ou nouvelles ruses innocentes qui enseignent la manière de prendre aux piéges toutes sortes d'oiseaux & de bêtes à quatre pieds, avec les plus beaux secrets de la pêche, dans les rivieres & étangs. 2 *vol. in-*12. 5 l.
Analyse & Questions de Droit Public. 1 *vol. in-*8. *petit pap.* 2 l.

Apologie de la Reine Anne d'Angleterre, où l'on examine la conduite de ses ministres pendant la guerre de la succession d'Espagne, &c. traduite du Docteur Swift, 1 *vol. in-*12. 1 l. 10 s.

Architecture pratique, qui comprend la construction générale & particuliere des Bâtimens, &c. par M. Ballet, 1 *vol. in-*8. 6 l.

Argilan, ou le Fanatisme des Croisades, Tragédie en cinq actes en vers, par M. Fontaines, *in* 8. fig. 2 l. 8 s.

Art (l') de se traiter & de se guérir soi-même dans les Maladies Vénériennes, 1 *vol. in-*8. 9 l.

Art (l') du Maçon Piseur, par M. Goiffon, des Académies de Lyon & de Metz, extrait du Journal de Physique de M. l'Abbé Rozier. br. *in-*12. 15 s.

Avantures de Joseph Andrews, 2 *vol. in-*12. 5 l.

Avantures de Telemaque, en Italien, 2 *vol. in-*12. 5 l.

Aveugle de Palmyre, (l') Comédie Pastorale en deux actes, mêlée d'ariettes, par M. Desfontaines, *in-*8. 1 l. 4 s.

B.

Bachelier (le) de Salamanque, par M. le Sage, 3 *vol. in-*12. fig. 6 l.

Bergere des Alpes (la) Comédie en deux actes en vers par M. Desfontaines, *in-*8. 1 l. 4 s.

Bibliothéque (nouvelle) de Campagne, ou Choix des Episodes les plus intéressans & les plus curieux, tirés de tous les meilleurs Ouvrages, tant Romans, Poëmes, Histoires, &c. anciens & nouveaux, 6 *vol. in-*12. 18 l.

Bibliotheque de Physique & d'Histoire Naturelle, 6 *vol. in-*12. 15 l.

Bibliotheque d'un Homme de Goût, ou Avis sur le choix des meilleurs livres écrits en notre langue sur tous les genres de Science & de Littérature, avec les jugemens que les Critiques les plus impartiaux ont porté sur les bons Ouvrages qui ont paru depuis le renouvellement des Lettres jusqu'en 1772. 2 *vol. in-*12. petit pap. 5 l.

Bibliotheque du Théâtre François, depuis son origine,

contenant un extrait de tous les Ouvrages composés
pour ce Théâtre depuis les myſtères, &c. jufqu'à pré-
fent, 3 *vol. in*-8. belles fig   15 l.
Bon Fermier, (le) ou l'ami des Laboureurs, feconde
édition, 1 *vol. in* 12.   2 l. 10 f.
Bon Fils (le), ou les Mémoires du Marquis de Samaran-
des, 4 part. *in*-12.   4 l. 16 l.

C.

Candide, ou l'Optimiſme, 1 *vol.*   2 l. 10 f.
Caracteres de Théophraſte & de la Bruyere, 2 *vol.*
in-12.   6 l.
—— Les mêmes, 2 *vol. in*-12. petit pap.   5 l.
Chefs d'œuvres (les) de M. de Sauvages, ou Recueil
de Diſſertations qui ont remporté le prix dans différentes Académies, auxquels on a joint la Nourrice
marâtre, du Chevalier l'aîné, 2 *vol. in*-12.   5 l.
Choix de Contes & de Poëſies erſes, 2 *part. in*-12. 2 l. 8 f.
Chronologiſte, (le) Manuel pour ſervir d'introduction
au Géographe manuel, dans lequel on trouve les prin-
cipales époques de l'Hiſtoire de chaque Peuple; la
ſucceſſion des Patriarches, Juges & Rois Hébreux,
de tous les Souverains des grandes & petites Mo-
narchies de l'antiquité, des Empereurs Romains, &c.
des Papes, des Monarques de l'Hiſtoire Moderne, &c.
1 *vol.* du même format que le Géographe Manuel.
              2 l. 10 f.
Commentaires & Mémoires de Meſſire Blaiſe de Mont-
luc, Maréchal de France, 4 *vol. in*-12.   10 l.
Commentaires ſur les Mémoires de Montecuculi, Gé-
néraliſſime des Armées de l'Empereur, par M. le
Comte Turpin de Criſſé, Maréchal des Camps &
Armées du Roi, 3 *vol. in*-4°. avec un très-grand
nombre de Planches   42 l.
Compendioſæ inſtitutiones Theologicæ ad uſum Semi-
narii Pictavienſis, (Théologie de Poitiers) 4 *vol.*
in-12.   12 l.
Comptes faits (les) par Barrême, 1 *vol. in*-12. 2 l. 10 f.
—— Les mêmes, en petit.   1 l. 10 f.

Contes Philofophiques & Moraux, par M. de la Dixme-
rie , 3 *vol. in-12.*   7 l. 10 f.
Contes Moraux , par M. Mercier , 2 *part.* in-12. Fig.
                                                          3 l. 12 f.
Cofmographie Méthodique, par M. de Mornas, 1 *vol.*
in-8.   7 l.
Coutume de Lorris, Montargis , Saint-Fargeau, Châ-
tillon-fur-Loing , Sancerre & autres lieux régis
& gouvernés par lefdites Coutumes , &c. nouvelle
édition 1771 , 2 *vol. in-12. très-forts.*   7. 10 f.
Curiofités de Paris , de Verfailles , Marly , Vincennes ,
Saint Cloud , &c. & des environs, avec le nouveau
voyage de France , nouvelle édition , 1771 , 3 *vol.*
in-12.   9 l.

D.

Danse (la) ancienne & moderne, ou Traité Hiftorique
de la Danfe , par M. de Cahufac , 3 *vol. in-12.* petit
pap   6 l.
Daphnis & le premier Navigateur, Poëmes de M. Gefner,
1 *vol.* br.   1 l. 16 f.
De tout un peu , ou les Amufemens de la Campagne ,
2 *vol. in-12.* br.   3 l.
De Langres & Juliette d'Eft*** Anecdote Françoife,
1 *vol. in-12.* fig. br.   2 l.
Defcription de Paris , par Piganiol de la Force , 10 vol.
in-12. fig.   30 l.
Deux Amis (les) , ou le Comte de Meralbi , par M.
Sellier de Moranville , 4 vol.   5 l.
Dictionnaire (nouveau) Hiftorique, ou Hiftoire abrégée
de tous les Hommes qui fe font fait un nom par le
génie , les talens , les Vertus , les erreurs , &c. depuis
le commencement du monde jufqu'à nos jours, avec
des Tables Chronologiques pour réduire en corps
d'Hiftoire les articles répandus dans cet Ouvrage ,
6 *vol. in-8.*   36 l.
Dictionnaire portatif de la Langue Françoife , par
Richelet , 1 *vol. in-8,*   6 l.

Dictionnaire François, Latin & Italien, par Antonini, nouvelle édition, augmentée, 1770, 2 *vol. in-4*. 30 l.

—— Italien François, par Veneroni, 1 *vol. in-4*. 15 l.

Dictionnaire (nouveau) François-Italien , & Italien-François , par M. l'Abbé Alberti , 2 *vol*. in-4. 36 l.

Dictionnaire Anglais & François , de Boyer , 2 *vol. in-4* 36 l.

—— Le même , 2 *vol. in-8* 15 l.

Dictionnaire François & Latin de le Brun , 1 *vol. in-4*. 15 l.

Dictionnarium Universale Latino-Gallicum (de Boudot) 1 *vol. in-8*. 5 l. 10 f.

Dictionnaire Poëtique portaif , qui contient l'Histoire fabuleuse des Dieux & des Héros de l'Antiquité Payenne , Ouvrage utile & nécessaire pour l'intelligence des Poëtes , &c. 1 *vol. in-8*. 4 l. 10 f.

Dictionnaire portatif de Commerce , contenant la connoissance des Marchandises de tous les Pays , ou les principaux & nouveaux articles concernant le Commerce & l'Economie, les Arts , les Manufactures, les Fabriques , la Minéralogie , les Drogues , les Plantes , &c. 4 *vol. in-8*. 24 l.

Dictionnaire (nouveau) Universel & raisonné de Médecine , de Chirurgie & de l'art Vétérinaire , contenant des connoissances étendues sur toutes ces parties , & particulierement des détails exacts & précis sur les plantes usuelles , &c. par une Société de Médecins , 6 *vol. in 8*. petit pap 24 l.

Dictionnaire de Chirurgie , 2 *vol. in-8*. petit pap, 9 l.

Dictionnaire Vétérinaire , & des Animaux Domestiques , contenant leurs mœurs , leurs caracteres , &c. par M. Buchoz , 2 *vol. in-8*. fig. 13 l. 4 f.

—— Des Gens du Monde , Historique , Littéraire , Critique , Moral , Physique , Militaire , Politique , &c. 5 *vol. in-8*. 25 l.

—— Social & Patriotique , ou Précis raisonné des connoissances relatives à l'économie morale , civile & politique , contenant des traits historiques , moraux & patriotiques , 1 *vol. in-8*. 5 l.

—— Théorique & pratique de Chasse & de Pêche ,

contenant les noms, caractères & mœurs des animaux des deux continens. La maniere de les tuer & de s'en rendre maître ; des inftruétions pour la connoiffance & cure des chevaux & chiens propres à la chaffe, & des oifeaux de proie, & généralement pour tout ce qui concerne la Chaffe & la Pêche, 2 vol. *in-8.*   9 l.

—— Des Mœurs, Ufages & Coutumes Civiles, Militaires & Politiques, & des Cérémonies & pratiques religieufes & fuperftitieufes, tant anciennes que modernes, des Peuples des quatre parties du monde, 4 vol. *in 8.* rel.   24 l.

Dictionnaire de Phyfique, 3 vol. *in-8.*   15 l.

Dictionnaire Anti-Philofophique, 1 vol. *in-8.*   5 l.

Dictionnaire Typographique, Hiftorique & Critique des livres rares, finguliers, eftimés & recherchés en tous genres, par J. B L. Ofmont, 2 vol. *in-8* rel.   10 l.

Diable Boiteux, (le) par M. le Sage, 3 vol. *in-12.* petit pap. fig.   6 l.

Diable (le) Amoureux, nouvelle Efpagnole, fig. grotefques   2 l 8 f.

Difcours : combien le Génie de Grands Ecrivains influe fur l'efprit de leur fiécle, couronné à l'Académie de Marfeille, fuivi de la grandeur de l'Homme, Ode couronnée à l'Académie des Jeux Floraux, par M. de Chamfort, *in-8.* br.   15 f.

Difcours Moraux, couronnés dans les Académies de Montauban & de Befançon en 1766 & 1767 fur ces trois queftions ? —— Eft-il utile à la Société que le cœur de l'homme foit un myftère ? —— Il importe autant aux Nations qu'aux Particuliers d'avoir une bonne réputation. —— Combien le courage d'efprit eft néceffaire dans tous les états ; fuivis d'un Eloge de Charles V. par M. le Tourneur, 1 vol. *in-8.* br.
                                              1 l. 16 f.

Difcours fur le danger de la leéture des livres contre la Religion, par rapport à la fociété ; *in-8.*   12 f.

Difcours prononcé par M. le Préfident de Montefquieu, à la rentrée du Parlement de Bordeaux le jour de Saint Martin 1725   12 f

[9]

Dona Gratia d'Ataïde, Comteſſe de Ménézès, Hiſtoire
Portugaiſe, 1 vol. *in* 8 br.   2 l.
Doyen (le) de Killerine, nouvelle édition, 6 vol. 12 l

E.

Éducation (l') de l'Amour, 2 part. *in*-12.
broché.   2 l. 8 ſ.
Les Effets des Paſſions, ou les Mémoires de M. de Flori-
court, par M. de Fontanelles, 3 vol. *in*-12 br.   4 l.
Les Egaremens du Cœur & de l'Eſprit, par M. de
Crebillon, 3 part. *in*-12.   3 l. 12 ſ.
Élégies de Properce, traduites en François, par M. de
Longchamps, avec le texte Latin à côté, 1 vol. *in*-8.
belle édition.   7 l. 4 ſ.
Élémens de l'Hiſtoire des Rois de France à l'uſage de
l'inſtitution de la Jeuneſſe dans la Ville d'Angers,
par M. Serane, 1 vol *in* 12 br.   1 l. 16 ſ.
Élémens de l'Hiſtoire de France, par M. l'Abbé Millot,
3 vol *in*-12.   9 l.
———— d'Angleterre, par le même, 3 vol. *in*-12. 9 l.
Elève de la Nature, nouvelle édition, 3 vol. *in*-12. 4 l. 10 ſ.
Elite de Poëſies fugitives, nouvelle édition, 5 vol.
in 12.   12 l. 10 ſ.
Eloge de Henri IV. par M. Gaillard, de l'Académie
Françoiſe, qui a remporté le prix à l'Academie de
Marſeille en 1768. *in*-8.   1 l. 4 ſ.
Eloge de Henri IV. par M. de la Harpe, qui a con-
couru pour le même prix, *in*-8. fig.   1 l. 4 ſ.
Entretiens d'une Ame Pénitente avec ſon Créateur,
*mêlés de Réflexions & de Prieres relatives aux divers évé-
nemens de la vie, Dédiés à la Reine & à Madame Louiſe,*
3 vol. *in*-12 rel.   7 l. 10 ſ.
Epoux malheureux (les), ou Hiſtoire de Monſieur &
Madame de la Bedoyere, 4 part *in*-12.   4 l.
Erreurs de M. de Voltaire, ſixieme édition conſidéra-
blement augmentée, 2 vol. *in*-12.   6 l.
Eſpion Turc (l') dans les Cours des Princes Chrétiens,
nouvelle édition, 9 vol. *in*-12.   22 l. 10 ſ.
Eſprit des Poeſies de M. de la Motte, avec quelques
notes, &c. 1 vol. *in*-12. petit pap.   2 l.

Esprit de la Ligue (l'), 3 vol. in-12. 7 L. 10 f.
Essais de Michel de Montaigne, avec les notes de M. Cotte. *Edition de Londres*, 3 vol. in-4°. rel. 60 l.
Les mêmes 10 vol. *in-12* petit papier. 20 l.
Essai sur l'Histoire Universelle, par M. de Voltaire, 8 vol. *in-8*. 32 l.
Essais Historiques sur l'Inde, par M. de la Flotte, 1 vol. *in-12*. 3 l.
Essai Historique sur la Chasse, dans lequel on trouve des remarques curieuses & utiles sur les anciennes Chasses, tant étrangeres que nationales. Les reglemens anciens & modernes qui ont été faits sur cet objet, & un précis sur les entrées du gibier dans Paris. 1 l. 16 f.
Essai sur le Feu Sacré & sur les Vestales avec la piece, *in-8*. 2 l.
Etat de l'Eglise & de la Puissance légitime du Pontife Romain, 2 vol. *in-12*. 5 l.
Etrennes (les) de l'Amour, Comédie eu un acte en profe, par M. Cailhava, *in-8*. 1 L. 4 f.

F.

Fables de la Fontaine, 2 vol. *in-12*. fig. 8 l.
—— Les mêmes, 1 vol. *in-12*. petit pap. 3 l.
Idem, *in-12*. grand papier, 3 l.
Fastes (les) de la grande Bretagne, contenant l'Histoire des trois Royaumes d'Angleterre, d'Ecosse & d'Irlande, 2 vol. *in-8*. 9 l.
Fastes (les) de la Pologne & de la Russie, contenant l'Histoire de ces deux Empires depuis leur établissement, 2 vol. *in-8*. 9 l.
Forma Cleri, secundum exemplar quod Ecclesiæ Sanctisque Patribus à Christo Domino Summo sacerdote monstratum est; Operâ & studio Ludovici Tronson quondam superioris Seminarii Sancti Sulpicis. Editio nova. 3 vol. *in-12*. 9 l.

[11]

G.

GÉOGRAPHE (le) Manuel, par M. l'Abbé Expilly,
 1 vol.   2 l. 10 f.
Géographie (Méthode pour apprendre la) dédiée à
 Mademoiselle Crozat, 1 vol. *in-12.* avec cartes. 3 l.
Géographie moderne, par M. l'Abbé Nicole de la Croix,
 nouvelle édition, 2 vol. *in-12.*   6 l.
Goût (le) de bien des Gens, ou Recueil de Contes,
 tant en vers qu'en profe, 3 vol. *in-12.* br.   6 l.
Grammaire Françoife de Reftaut, 1 vol. *in-8.*   3 l.
—— Italienne, d'Antonini, 1 vol. *in-12.*   2 l. 10 f.
—— Efpagnole, de Sobrino, 1 vol. *in-12.*   2 l. 10 f.
—— Angloife de Boyer, 1 vol. *in-12.*   2 l. 10 f.
Guide du Fermier, contenant toutes les matieres dont
 un Fermier doit être inftruit, & de toutes les chofes
 qui lui font néceffaires, 1 vol.   3 l.
Guide des Négocians & teneurs de livres, 1 vol. *in-12.*
                                                 2 l. 10 f.

H.

HEUREUSE Pêche (l'), Comédie pour les Ombres à
 fcènes changeantes, en un acte, en profe   1 l. 4 f.
Hiftoire de France, par M. l'Abbé Velly, continuée par
 Meffieurs Villaret & Garnier, 22 vol. *in-12.*   66 l.
Hiftoire nouvelle & impartiale d'Angleterre, depuis
 l'invafion de Jules Céfar jufqu'à nos jours, traduite
 de l'Anglois de Barow, 15 vol. *in-12.*   45 l.
Hiftoire Civile & naturelle du Royaume de Siam, &
 des révolutions qui ont boulverfé cet Empire juf-
 qu'en 1770, par M Turpin, 2 vol. *in-12.* rel.   6 l.
Hiftoire des Révolutions de la République Romaine,
 par l'Abbé de Vertot, 3 vol. *in-12.*   7 l. 10 f.
—— De Suéde, 2 vol. *in-12.*   5 l.
—— De Portugal, 1 vol. *in-12.*   2 l. 10 f.
Hiftoire de la Religion & des Chevaliers de l'Ordre de
 Malthe, par M. l'Abbé de Vertot, 7 vol. *in-12.* 17 l. 10 f.
Hiftoire des Celtes, par M. Peloutier, continuée par
 M. de Chiniac, 2 vol. *in-4.*   24 l.

La même, 8 vol *in*-12. rel.   24 l.

Histoire Univerfelle, par M. Boffuet, Evêque de Meaux, 2 vol. *in*-12.   5 l.

Histoire de Henry IV. par Perefixe, 1 vol. *in*-12. rel.   3 l.

Histoire du Prince Eugene de Savoye, Généraliffime des Armées de l'Empereur & de l'Empire, enrichie de figures en taille douce, 5 vol. *in*-12   15 l.

Histoire des différens Peuples du Monde, contenant les Cérémonies Religieufes & Civiles, l'Origine des Religions, &c. 6 vol. *in*-8.   30 l.

Histoire naturelle, par M. de Buffon, 13 vol. *in*-12. 39 l.

Histoire des Maladies de Saint Domingue, fuivie d'une Pharmacopée, par feu M. Pouppé Defportes, Médecin du Roi à Saint Domingue ; & Correfpondant de l'Académie des Sciences, 3 vol. *in*-12.   7 l. 10 f.

Histoire de Don-Quichotte, 6 vol. *in*-12.   15 l.

Histoire de Gilblas de Santillane, par M. le Sage, 4 vol. *in*-12. fig. nouvelle édition, rel.   10 l.

Histoire Littéraire des Femmes Françoifes, 5 vol. *in*-8.   25 l.

Histoire de Miff Clariffe Harlove, par M. l'Abbé Prevoft, 13 part. *in*-12. en 6 vol.   24 l.

— Du Chevalier Grandiffon, par le même, 4 vol. *in*-12.   14 l.

Histoire d'Eftevanille Gonzalez, furnommé le Garçon de bonne Humeur, tirée de l'Efpagnol, par M. le Sage, 2 vol. *in* 12.   5 l.

Histoire de la Comteffe des Barres, 1 vol.   1 l. 10 f.

Histoires Morales, 1 vol. *in*-12 br.   1 l. 10 f.

Histoire d'Emilie Montague, par l'Auteur de Julie Mandeville, 4 part. *in*-12 br.   4 l.

Homme Moral (l'), 1 vol. *in*-12.   2 l. 8 f.

Homme Sauvage (l'), par M. Mercier; 1 vol *in*-12. re'.   2 l. 10 f.

Homme au Latin (l'), ou la deftinée des Savans, 1 vol *in* 8.   1 l. 10 f.

Honneur François (l'), ou Histoire des Vertus & des Exploits de notre Nation, depuis l'établiffement de la Monarchie jufqu'à nos jours, 8 vol. *in*-12. 24 l.

I.

Introduction à la Sintaxe latine pour apprendre aifé-
ment à compofer en Latin ; avec des exemples de
thêmes appropriés à toutes les regles de la fyntaxe &
proportionnés à la portée des Enfans, &c. par Jean
Clarck, traduit de l'Anglois, 1 vol. *in*-12. rel. 2 l. 10 f.

Jolie Femme (la), ou la Femme du Jour, 2 vol. *in* 12
brochés. 3 l.

Joſeph, Poëme en neuf Chants, par M. Bitaubé, 1 vol.
in 12. rel. 5 l.

Le même Ouvrage 1 vol. *in*-12. petit pap. rel. 2 l. 10 f.

Julien l'Apoſtat, ou Voyage en l'autre Monde, traduit de Fielding, 2 part. *in*-12. br. 2 l. 8 f.

Journal de Henri III. & de Henri IV. 9 vol. *in*-8. petit
pap. 45 l.

L.

Lamentations de Jérémie, par M. Deſmarets, 1 vol.
in-8. avec cinq belles figures en taille douce. 6 l.

Lettre aux Académiciens du Royaume, & à tous les
François ſenſés, où l'on plaiſante ſur différens uſages
établis dans la Société. *in*-8. 1 l.

Lettres Juives, par le Marquis d'Argens, 8 vol. *in*-12.
16 l.

—— Chinoiſes, par le même, 6 vol. 12 l.

—— Cabaliſtiques, par le même, 7 vol. 14 l.

Lettres Perſannes, par M. le Préſident de Monteſquieu.
1 vol. *in*-12. 2 l. 10 f.

Lettres de Madame la Marquiſe de Sevigné à Madame
la Comteſſe de Grignan ſa fille, 8 vol. *in* 12. petit
pap. 16 l.

Lettres d'une jeune Veuve au Chevalier de Luzeincour,
1 vol *in*-8 br. 2 l. 8 f.

—— De Milady Juliette Cateſby, par Madame Riccoboni. 1 l. 16 f.

—— De Miſſ Fani Butler, par la même. 1 l. 16 f.
Et les autres Ouvrages du même Auteur.

—— De la Marquiſe de M** au Comte de R** par M.
de C... 2 part. *in*-12. petit pap. 2 l. 10 f.

[14]

Lettres De la Duchesse de**, par le même, 2 vol. *in*-12.
3 l. 12 f.
—— De Milady Montagu pendant ses voyages en Turquie, &c. 3 vol. 4 l. 10 f.
Lettres du Marquis de Rozelle, 2 part. 3 l. 12 f.
Lettres de Sophie & du Chevalier de * * *, pour servir de Supplément aux Lettres du Marquis de Roselle, 2 part. i -12 br. 3 l.
Lettres du Chevalier Dorigny, 2 vol. 2 l. 8 f.
Lettres d'Emerance à Lucie, 2 vol. *in*-12. 5 l.
Lettres de Madame Dumontier à sa fille, 2 vol. *in*-12. 5 l.
Loix & Constitutions de Sa Majesté le Roi de Sardaigne, promulguées dans ses Etats en 1770, 2 vol. *in*-12. rel. 6 l.

M.

Magazin des Enfans, par Madame le Prince de Beaumont, 2 vol. *in*-12. 5 l.
—— Des Adolescentes, 2 vol, 5 l.
— Des Jeunes Dames, 3 vol. 7 l. 10 f.
—— Des Pauvres, 2 vol. 5 l.
Maison (nouvelle) Rustique, 2 vol *in*-4. 24 l.
Malheurs (le) de l Amour, 2 part. *in*-12. pet. p. 1 l. 16 f.
Manuel des Artistes & des Amateurs, ou Dictionnaire Historique & Mythologique &c. 4 vol *in*-12. 18 l.
Manuel du Jeune Chirurgien, 1 vol. *in*-8. 5 l.
Mariage (le Clandestin, Comédie en 5 actes en prose, traduit de l'Anglois par Mad Riccoboni; *in*-8. 1 l. 10 f.
Méditations d'Hervey, traduites de l'Anglais; par M. le Tourneur, 1 vol. *in*-8 avec le portrait d'Hervey. 5 l.
Les mêmes 1 vol i -12. 3 l.
Mémoires de la Ligue, 6 vol. *in*-4 72 l.
Mémoires de Maximilien de Bethune, Duc de Sully, 8 vol 20 l.
—— De Madame de Motteville, 5 vol. *in*-12. 12 l. 10 f.
Mémoires de M. le Maréchal Duc de Villars, 2 vol. *in*-12. 5 l.
Mémoires du Comte de Gramont, par M. le Comte

Hamilton, 2 vol. *in-12.* petit. pap.   4 l.
Mémoire pour Pierre-Paul Sirven, accufé de l'Affaffinat
  de fa fille pour caufe de Religion, 1 vol. *in-8.*   2 l 8 f.
Mémoires du Marquis de Solanges, 2 vol. *in-12.* nouvelle
  édit. br.   3 l.
Mémoires d'une Religieufe, écrits par elle-même,
  2 part. *in-12.*   2 l. 8.
Mémoires de Madame la Baronne de Batteville, 1 vol.
                                                       2 l. 10 f.
Mémoires de Madame de Staal, 2 vol.   6 l.
Métamorphofes d'Ovide, 3 vol. *in 12.*   7 l. 10 f.
Mille & une foirées, Contes Mogols, 3 vol. *in-12.* 7 l. 10 f.
Mille & une Nuits, Contes Arabes, 6 vol. *in-12.* 15 l.
Mille & un quarts d'Heures, Contes Tartares, 2 vol.
  in-12   5 l.
Mort d'Abel, Poëme en 5 Chants, traduit de
  l'Allemand, de M. Gefner, 1 vol. *in-12.*   2 l.

N.

Naufrage & Avantures de M. Pierre Viaud, natif
  de Rochefort, Capitaine de Navire, 1 vol. *in-12.*
  broc.   2 l.
Nœud Gordien (le), 4 parties en deux vol.   4 l. 16 f.
Nouveaux Voyages aux Indes Occidentales, par M. Boffu,
  2 vol. *in-12.* fig. rel.   5 l.
Idem, en un vol.   3 l. 15 f.
Nouvelle Méthode du Blafon, ou de l'Art Héraldique, par
  le P. Meneftrier, nouvelle édition, mife dans un meil-
  leur ordre, & augmentée de toutes les connoiffances
  relatives à cette fcience, 1 vol. *in-8.* fig.   7 l.
Nouvelle Femme (la), ou Hiftoire de Miff Jenny
  Weftbury, 2 part. *in-12.*   2 l. 8 f.
Nouvelle Clariffe (la), par Madame le Prince de Beau-
  mont, 2 vol. *in-12.*   5 l.
Nuits d'Young (les), traduites de l'Anglais, par M. le
  Tourneur, 2 vol. *in-8.*   9 l. 10 f.

—— Les mêmes, 2 vol. *in-12.*   6 l.
—— Les mêmes, 2 vol. *in-12* petit pap.   5 l.
—— Les mêmes, Italien-François, 3 vol. *in-12.* 7 l. 10 f.
—— Les mêmes, en Italien, 2 vol.   5 l.
Nuit (la), & le moment & le hazard du Coin du Feu,
   2 vol. *in* 12. petit pap.   4 l.

O.

OBSERVATIONS Historiques & Critiques sur les Commentaires de Folard & sur la Cavalerie, par le Comte
   de Brezé, ci-devant Officier de Cavalerie, au service
   de Sa Majesté le Roi de Sardaigne, 2 vol. *in-8.* orné de
   vingt-neuf planches gravées. (*Turin 1772.*)   12 l.
Observations Critiques sur la traduction en vers des
   Géorgiques de Virgile ; sur les Poëmes des Saisons, de
   la Déclamation, de la Peinture, &c. par M. Clément,
   1 vol. *in-8.* petit pap. rel.   3 l. 15 f.
Observations sur la Réponse des Etats de Bretagne. avec
   la Réponse des mêmes Etats au Mémoire de M. le Duc
   d'Aiguillon, par M. Linguet, 1 vol. *in-12.* br. 2 l. 10 f.
Observations sur la Physique, sur l'Histoire Naturelle &
   sur les Arts & Métiers, par *M. l'Abbé Rozier*, 12 Parties
   brochées.   24 liv.

Œuvres de Chaulieu, 2 vol. *in-12.* petit pap. rel. 4 l.
—— D'Hamilton, 6 vol. petit pap. rel.   12 l.
—— De Desmahis, 1 vol. *in-12.* rel.   3 l.
—— De Regnier, 2 vol rel.   4 l.
—— De Madame Deshoulieres, 2 vol. *in-12.* rel 4 l.
—— De Boileau Despreaux, 3 vol *in-12.* pet. pap. 6 l.
—— De Vergier, 2 vol. *in-12.*   4 l.
—— Du Philosophe de Sans Souci, 5 vol. *in-12.*
   petit pap.   10 l.
—— De la Fontaine, 4 vol. *in-12.*   8 l.
—— De J. B. Rousseau, 5 vol.   10 l.
—— De Madame Du Bocage, 3 vol. *in-8.*   9 l.
—— De Pavillon, 2 vol. *in-12.*   4 l.
Œuvres de M. de Montesquieu, 3 vol. *in-4.*   36 l.
—— Les mêmes vol. 7 l. *in-12.*   17 l. 10 f.

Œuvres

Œuvres Complettes d'Young, traduites de l'Anglois, par
M. le Tourneur, 4 vol. *in-8*. rel.   19 l.
—— Les mêmes, 4 vol. *in-12*. rel.   12 l.

On vend séparément les Nuits, *ainsi que les* Œuvres diverses.

Œuvres de Théâtre de Pierre & Thomas Corneille,
19 vol. *in-12*. petit pap. rel.   38 l.
—— Les Chef-d'Œuvres des mêmes, 3 vol. *in-12*. avec
les Commentaires de M. de Voltaire, rel.   9 l.
Œuvres de Racine, 3 vol. *in-12*. petit pap. rel.   6 l.
—— De Moliere, 8 vol. *in-12*. petit pap. rel.   16 l.
—— De Crébillon, 3 vol. petit pap.   7 l.
—— De Regnard, 4 vol.   9 l.
—— De Campiftron, 3 vol. *in-12*.   6 l.
—— De Dancourt, 12 vol. petit. pap.   24 l.
—— De Deftouches, 10 vol. petit pap.   20 l.
Idem grand *in-12*, 7 vol.   21 l.
—— De Baron, 3 vol. *in-12*. petit pap.   6 l.
—— De la Chauffée, 5 vol. *in-12*.   10 l.
—— De Lafond, 1 vol, *in 12*.   2 l. 10 f.
Œuvres de M. de Voltaire, 18 vol. *in-4*. 33 fig. rel. 268 l.
Les mêmes en feuilles fans fig.   199 l.
    La fuite fous preffe.
Œuvres Dramatiques de M. Didérot, contenant le Pere
de Famille & le Fils Naturel, 2 vol. *in-12*.   6 l.
—— De M Marin, 1 vol. *in-8*. rel.   3 l. 10 f.
Œuvres Diverfes de M. de B***, contenant des Tra-
gédies, des Comédies, des Opera ; les Mémoires de
la jeuneffe de l'Auteur, &c. 2 vol. *in-8*. br   5 l.
Origine des premieres Sociétés, des Peuples, des Scien-
ces, des Arts & des idiomes anciens & modernes,
1 vol. *in-8* de 600 pages, rel.   6 l.
Orphelin (l') Anglois, Drame en 5 actes en profe,
in-8. fig.   1 l. 10 f.
Orpheline (l') Angloife, 4 vol. *in-12*. petit pap.   6 l.

P.

Paysanne Parvenue, 4 vol. *in-12*. petit Pap. rel. 8 l.
Parallelle de la condition & des facultés de l'homme,
avec la condition & les facultés des autres animaux, &c. 1 vol. *in-8*. br.   2 l.

Paradis perdu (le) de Milton , 4 vol. *in-12.* pet. pap. 8 l.

Pensées de Mylord Bolingbrocke sur différens sujets
d'Histoire , de Philosophie , de Morale , &c. 1 vol,
in-12.   3 l.

Philosophe (le) Anglois , ou Histoire de Cléveland , fils
naturel de Cromwel , 6 vol. *in-12* rel.   15 l.

Philosophe (le) du Valais , ou Correspondance Philosophique , avec des observations de l'Editeur , 2 vol.
in-12. rel.   5 l.

Philosophie (la nouvelle) réfutée par elle - même ,
Ouvrage dans lequel on renverse le système des
Matérialistes , &c. par le R. P. Hyacinthe , 1 vol.
in-12. br   1 l. 16 s.

Pierre le Grand , Tragédie en 5 actes en vers , par
M. de Fontanelle. *in-8.*   1 l. 10 s.

Piété Filiale (la) , Drame en cinq actes en prose , par
M. Courtial , *in-8.*   1 l. 10 s.

Praticien François (le) par M. Lange , 2 vol. *in-4.*
                                                          20 l.

Pratique Curieuse , ou les Oracles des Sibilles sur chaque question proposée , augmentée d'une seconde
partie sur de nouvelles questions qui n'ont point
encore paru , avec la fortune des Humains , nouvelle édition , 1 vol. *in-12.*   2 l. 10 s.

Proverbes Dramatiques , par M. C.. nouvelle édition ,
augmentée de deux volumes , 6 vol. *in-8.* br. 18 l.

*On prévient le Public qu'on a supprimé dans cette nouvelle
Edition le titre d'Amusemens de Société , que portoient
les tomes 3 & 4. parceque beaucoup de personnes présu-
moient qu'ils n'étoient pas du même Auteur , & que c'étoit
un autre Ouvrage.*

Proverbes de Salomon sur les principaux devoirs de
l'Homme , traduits en vers François , par feu M. d'Ar-
denne , *in-8.*   1 l. 10 s.

Princesse de Cleves , 2 vol. petit pap.   4 l.

R.

RECRÉATIONS Mathématiques de M. Ozanam ,
4 vol. *in-8.*   24 l.

Recueil de Romances Historiques , tendres & bur-
lesques , tirées de tous les meilleurs Auteurs , tant
manuscrits qu'imprimés ; conformes à l'Anthologie

Françoise de M. Monet , & faisant suite à cet Ouvrage , 2 vol. *in-8.* avec les airs noté & fig. br.   12 l.
On vendra séparément le second aux personnes qui ont le premier.
Le premier volume de cet Ouvrage ayant été bien accueilli du Public , nous espérons que celui-ci ne le sera pas moins,
Recueil de Piéces intéreſſantes pour ſervir à l'Hiſtoire de France , contenant la vie des Cardinaux de Richelieu & de Mazarin ; Lettre de Fra-Paolo à l'Abbé de Saint Médard de Soiſſons ; Introduction à l'Hiſtoire de France , ou Annales des premiers Rois de la Monarchie Françoiſe. Une Hiſtoire Abrégée de la Donation du Dauphiné , par M. l'Abbé de Longuerue ,   1 vol. *in-12.* rel.   2 l. 10 ſ.
Réthorique Françoiſe, à l'uſage des Jeunes Demoiſelles ,   1 vol. *in-12*   2 l. 10 ſ.
Rêveries de Maurice , Comte de Saxe , Maréchal de France , 2 vol. *in-4.* fig.   42 l.
Révolutions d'Italie , traduites de l'Italien , de M. Denina , par M. l'Abbé Jardin , 6 vol. *in-12.*   18 l.
Roman Comique de Scaron , 3 vol. *in-12.*   7 l. 10 ſ.
———————— Le même , petit pap.   6 l.

S.

ſATYRES de Perſe , traduites par M. Carron de Gibert ,   *in-8* br.   1 l. 16 ſ.
Satyre ſur les abus du Luxe, par M. Clément, *in-8.* 15 ſ.
Sauvage (le) de Taïti aux François , 1 vol. *in-12.* 1 l. 4 ſ.
Science du Maitre-d'Hôtel-Confiſeur , 1 vol. *in-12.* 3 l.
Science du Cuiſinier , 1 vol. *in-12,*   3 l.
Science des Négocians , par M. De la Porte , 1 vol. *in-4.* oblong.   5 l.
Secretaire de la Cour (le nouveau) , contenant une inſtruction pour ſe former dans le ſtyle Epiſtolaire ; le Cérémonial des Lettres , & les regles de Bienſéance qu'il faut obſerver dans les Lettres que l'on écrit , &c. 2 vol. *in-12.*   5 l.
Secrétaire [le] du Parnaſſe , ou Recueil de nouvelles Pieces Fugitives , en vers & en proſe , dédié à M. de Voltaire , 1 vol. in-12. br.   2 l. 10 ſ.

Sens [les] Poëme en cinq parties, par M. Girard Raigné, suivis de quelques Poësies sur divers sujets, *in-8.* 1 l. 16 f.

Sermons prêchés à la Mission Françoise d'Amsterdam, par le R. P. Girardot, Carme Déchaussé ; Visiteur général des Missions Hollandoises, [*Avent*] un vol. *in-12.* 2 l. 10 f.

Sermons nouveaux sur les Vérités les plus intéressantes de la Religion, 3 vol. *in-12.* 7 l. 10 f.

Siecle de Louis XIV. par M. de Voltaire, avec le précis du siécle de Louis XV 6 vol. *in-12.* petit pap. 12 l.

Symphatie (la), par M. Mercier, brochure *in-12* 16 f.

Soldat parvenu (le), ou Mémoires & Aventures de M. de Verval, 2 vol. *in-12* br. 5 l.

Songes Philosophiques, par M. Mercier, 1 vol. *in-12.* rel. 3 l.

Souper (le) des Petits-Maitres 2 part. en une, 2 l. 8 f.

T.

Tableau de l'Histoire de France jusqu'à la fin dn Régne de Louis XIV. représentant le caractere & les actions de chaque Roi ; &c. 2 vol. *in-12.* 5 l.

Tableau du Globe, ou nouveau Cours de Géographie, enrichie de l'Histoire Naturelle & politique des divers Peuples de la terre, par M. Serane, 1 vol. *in-12.* br. 2 l.

Tableau Historique & Politique de la Suisse, où sont décrits sa situation, son état ancien & moderne ; sa division en cantons ; les Dietes & l'union Helvetique, &c. avec un état de son commerce, de ses revenus, de sa milice, &c. 1 vol. *in-12.* 2 l. 5 f.

Tableau Philosophique de l'esprit de M. de Voltaire, pour servir de suite à ses Ouvrages, & de Mémoires à l'Histoire de sa vie, 1 vol. *in-8.* br. 3 l. 12 f.

———— Le même ; *in-12.* 2 l. 10 f.

Tanzaï & Neadarné, Histoire Japonoise, 2 vol. rel. fig. 5 l.

Temple (le) de Gnide, par M. de Montesquieu, 1 vol. *in-12.* fig. 1 l. 16 f.

Testament Politique du Cardinal Alberoni, 1 vol. *in-12.* 2 l. 10 f.

———— De M. de Voltaire. *in-8.* br. 1 l. 4 f.

Théâtre du Prince Clenerzow, Russe, par l'Auteur des Proverbes Dramatiques, 2 vol. *in-8.* br. 6 l.

Théâtre Allemand, ou Recueil des meilleures Piéces Dramatiques, tant anciennes que modernes, qui ont paru en langue Allemande, &c. traduit par Meſſieurs Junker & Liebault, 2 vol. *in*-12.   6 l.

Théâtre Eſpagnol, par M. Linguet, 4 vol. *in*-12.   12 l.

Traduction [nouvelle] des Métamorphoſes d'Ovide, par M. de Fontanelle, 2 vol *in*-8.   12 l.

Traité de Paix de Weſtphalie, par le P. Bougeant, 6 vol. *in*-12. rel.   15 l.

Traité des différentes ſortes de Preuves qui ſervent à établir la vérité de l'Hiſtoire, par le R. P. Griffet, nouvelle édition corrigée & augmentée.   2 l. 10 ſ.

Traité du vrai Mérite de l'Homme, par M. de Claville, 2 vol, *in*-12. petit pap   4 l.

Traité de l'Ortographe Françoiſe, en forme de Dictionnaire, 1 vol. *in*-8.   7 l.

Traité de l'Apoplexie, Paralyſie & autres affections ſoporeuſes, par feu M. Marquet, 1 vol. *in*-12.   2 l. 10 ſ.

Traité du Bonheur Public, par M. Louis-Antoine Muratori, Bibliotécaire du Duc de Modene, traduit de l'Italien, 2 vol. *in*-12.   6 l.

Trapue, Reine des Topinamboux, ou la maîtreſſe Femme, Conte Hiſtorique & allégorique, 1 vol. *in*-12. br.   1 l. 16 ſ.

V.

VARIÉTÉS Littéraires, ou Recueil de Piéces, tant originales que traduites, concernant la Philoſophie, la Littérature & les Arts, par Meſſieurs Suard & l'Abbé Arnaud, 4 vol. *in*-12. rel.   12 l.

Véridique [le] ou Mémoires de M. de Fillerville, 2 vol. *in*-12. br.   3 l.

Viciſſitudes [les] de la Fortune, ou Cours de Morale, miſe en action, 2 vol. *in*-11. fig. br.   2 l.

Vie de Marianne, par M. de Marivaux, 4 vol. *in*-12. petit pap. rel.   8 l.

Vie de Dona Olympia Maldachini, Princeſſe Panfile, 2 part. *in*-12.   3 l.

Vie du Cardinal d'Oſſat, 2 vol. *in*-8.   10 l.

Virgile traveſti, 4 vol. *in*-12. petit pap.   8 l.

Vocabulaire François, ou Abrégé du Dictionnaire

de l'Académie Françoife, auquel on a ajoûté une Nomenclature Géographique très - étendue , 2 vol. *in*-8.   10 l.

Voyages de Richard Pockocke, Membre de la Société Royale de Londres , en Orient & dans d'autres Contrées ; traduits de l'Anglois, par une Société de Gens de Lettres , 9 vol. *in*-12.   24 l.

Voyages d'un Philofophe, ou Obfervations fur les mœurs & les Arts des Peuples de l'Afrique , de l'Afie & de l'Amérique , auquel on a joint deux Difcours prononcés par M. Poivre à l'Ifle de France, 1 vol. *in-12.*   1 l. 10 f.

Voyages & Avantures de la Princeffe de Babylone , par M. de Voltaire , *in* - 8.   2 l.

Z.

ZAÏDE, Hiftoire Efpagnolle , 2 vol. petit. pap.   4 l.

ŒUVRES DE *M.* D'ARNAUD , *In-8. grand papier , figures.*

LE Comte de Comminge , Drame , nouvelle édition.   4 l. 4 f.

Euphemie , ou le Triomphe de la Religion , Drame :   4 l. 4 f.

Fayel , Tragédie.   3 l.

ÉPREUVES DU SENTIMENT , tome 1er . br.   12 l.
Ce volume contient les Pieces fuivantes , qui fe vendent féparément.

Fanni , Hiftoire Angloife ; nouvelle édition , *in*-8. fig.   2 l. 8 f.

Lucie & Mélanie , Anecdote, nouvelle édition augmentée.   2 l. 8 f.

Clary , Hiftoire Angloife , nouvelle édition , augmentée.   2 l. 8 f.

Julie , Anecdote Hiftorique , nouvelle édition augmentée.   2 l. 8 f.

Nancy; Hiftoire Angloife, nouvelle édition augmen-
tée.   2 l, 8 f.
Batilde, Anecdote Hiftorique. nouv. édit. br.   2 l. 8 f.
ÉPREUVES DU SENTIMENT, tome II.   12 l.
*Ce Volume qui eft actuellement complet, contient les Pieces
    fuivantes, qui fe vendent féparément.*
Anne Bell, Hiftoire Angloife.   2 l. 8 f.
Selicourt, Anecdote Hiftorique.   2 l 8 f.
Sidney & Volfan, Hiftoire Angloife.   2 l. 8 f.
Adelfon & Salvini, Hiftoire Angloife.   2 l. 8 f.
Sargines, Anecdote Hiftorique.   2 l. 8 f.
*Les Hiftoires & Anecdotes qui compoferont le tome III.
    des* ÉPREUVES DU SENTIMENT *paroîtront fucceffivement.*

LAMENTATIONS DE JEREMIE, 1 vol. *in-8.* petit papier,
fig.   2 l. 8 f.

ŒUVRES DRAMATIQUES DE M. MERCIER,
In-8. fig. grand pap.

JENNEVAL, ou le Barnevelt François, Drame en 5
    actes,   2 l. 8 f,
Le Deferteur, Drame en 5 actes,   2 l. 8 f.
Olinde & Sophronie, id.   2 l. 8 f.
LIndigent, Drame en quatre actes,   2 l. 8 f.
Le Faux Ami, Drame en trois actes,   2 l. 8 f.

AUTRES OUVRAGES DE DIFFÉRENS AUTEURS,
en grand Papier, In-8. belles figures.

LETTRE du Lord Velfort à Milord Dirton, *in-8.*
    fig.   2 l. 8 f.
———————— De Caton d'Utique à Céfar.   1 l. 10 f.
———————— De Dulis à fon Ami.   1 l. 16 f.
———————— De Don Carlos, Infant d'Efpagne, à Elifabeth
    de France.   1 l. 10 f.
Recueil d'Heroides diverfes, par M. Blin, contenant
    Sapho à Phaon, Biblis à Caunus, Gabrielle d'Eftrées
    à Henri IV, & Calas à fa femme & à fes enfans, *in-8.*
    pap. d'Holl.   9 l.

Narciſſe dans l'Iſle de Vénus, Poëme en 4 Chants, par feu
M. Malfilâtre, *in-8*. fig. gr. pap.   3 l. 12 ſ.
———— Le même, petit pap.   2 l. 8 ſ.
Poëſies Paſtorales, ſuivies de la Voix de la Nature,
Poëme ; des Lettres de Sainville & de Sophie, &
d'autres Pieces en vers & en Proſe, par M. Léonard,
1 vol. *in-8*. gr. pap. fig.   4 l. 4 ſ.
La Peinture, Poëme en trois chants, *in-4*. belles eſtam-
pes du deſſin de M. Cochin.   6 l.
———— Le même Ouvrage, *in-8*.   3 l.
Phroſine & Melidore ; Poëme en 4 Chants, par M. Ber-
nard, *in-8*. avec quatre belles eſtampes,   2 l, 8 ſ.
Le Temple de Gnide, mis en vers par M. Colardeau,
in-8. avec *huit belles eſtampes* br.(1773)   7 l. 10 ſ.
Lettre de la Ducheſſe de la Valliere à Louis XIV. précé-
dée d'un Abrégé hiſtorique de ſa vie, par M. Blin de
Sainmore, avec le véritable portrait de Madame la
Valliere, deſſiné & gravé par M. de St. Aubin, d'après
le tableau peint par le Brun, qui eſt au Couvent des
Carmelites, *in-8*. (1773)   2 l. 8 ſ.

Journaux pour leſquels on ſouſcrit chez le même
Libraire,

L'Année Littéraire, par M. Freron.
Pour Paris, franc de port.   24 l.
Pour la Province, franc de port.   32 l.

On trouve auſſi chez lui un aſſortiment de toutes les
Nouveautés Littéraires.